Sasa Putzar

Das Krebskind

Eine astrologische Betrachtung

Text und Bilder dieses Buches stammen von Sasa Putzar.

Für die technische Unterstützung danke ich Paul Putzar.
Für den Freiraum, den ich zum Arbeiten brauchte,
Martha Putzar.
Für die Korrekturen danke ich meinem Mann,
Carsten Putzar.
Und Leon danke ich für sein Lachen.

Sasa Putzar

Herstellung: m media, Kaufering

Dieses Buch spricht über

Vorwort

Es gibt ungeheuer viele astrologische Bücher. Manche beschreiben die Eigenschaften der verschiedenen Sternzeichen sehr treffend. Andere versuchen viele astrologische Einzelheiten möglichst genau zu erklären. Dabei gelingt es nur selten, den Menschen, die sich hinter den Symbolen verbergen, tatsächlich gerecht zu werden.

Jeder Erwachsene war irgendwann einmal Kind. Hat oft mühsam gelernt, sich seine Welt zu erobern. Musste die Wirklichkeit in sich mit der Realität außerhalb vereinbaren. Vielleicht temperamentvoll, vielleicht zögerlich. Vielleicht voller Elan und Freude an jeder neuen Begegnung. Vielleicht still und verträumt mit sich selbst beschäftigt. Jeder auf seine ganz persönliche Art.

Die Symbole der Astrologie, die sich als Horoskop zeigen, stellen das auf eindrucksvolle Weise dar. Die Kunst des Astrologen ist es, dieses Bild in Sprache zu verwandeln und so zu übersetzen, dass man als Leser das Wesen des Beschriebenen erfassen kann.

Ein Buch über Kinder zu schreiben ist eine Herausforderung. Denn keines der Symbole hat zu dieser Zeit des Lebens schon die Führung übernommen. Keine der komplizierten Verknüpfungen ist schon dominant geworden. Alles schlummert noch, als Potenzial angelegt in dem Ozean der Möglichkeiten.

Natürlich gibt es die Anlage, die als so genannter Aszendent die grundsätzliche Eigenart repräsentiert. Da gibt es die Sonne, die diese Anlage verwirklicht und dies auf einzigartige Weise macht. Auch der Mond spielt gerade bei Kindern eine große Rolle, denn er stellt die Emotionen und die Welt der Seele dar, die bei Kindern eine noch offene und unschuldige Verbindung zu den Dingen des Lebens haben. Hier gibt es Merkur, der eine Art Brücke bildet. Die Brücke zur Kommunikation mit der Außenwelt. Vielleicht vergleichbar mit der Fähigkeit, Kontakt aufzunehmen. Und schließlich sollte man auch Mars erwähnen, der zeigt, in welchen Bereichen die größte Durchsetzungskraft liegt. Und wie sie spürbar gemacht werden kann.

Es gibt noch viele andere beschreibbare Symbole im Horoskop, deren Erklärung jedoch zu weit führen würde.

Hier geht es um die Kraft der Sonne und die vielfältigen Möglichkeiten, sie zu entfalten. All diese Möglichkeiten liegen noch unberührt und ungeformt in einem Schlummer, der mit der Geburt ganz langsam endet. Von diesem Augenblick an begegnet uns andauernd etwas oder jemand, der uns berührt, verändert, formt. Von nun an agieren wir. Und reagieren. Werden aktiv oder bleiben passiv. Nutzen unser Potenzial oder verbergen es. Entwickeln Mut und Angst.

Dieses Buch beginnt vor den Geschichten. Zu einer Zeit, in der noch alles möglich ist. In einer Phase, in der es erst mal nur Stärken gibt, weil Mut noch keine Not wenden muss. In der Zurückhaltung noch keine Angst kennt, sondern aus der Lust am Beobachten und Spüren entsteht. Hier gibt es noch keine festen Grenzen zwischen dem Empfinden des Ichs und des Anderen. Auch wenn vieles passiert, manche Schwangerschaft nicht leicht verläuft und Geburten auch sehr schwer sein können, beginnt das Leben doch in den meisten Fällen mit kleinen Schritten. Und erwacht geruhsam in die Welt des Bewusstseins.

Genau hier beginnt dieses Buch seine Reise.

Einführung

Der Volksmund verleitet uns immer wieder dazu, das jeweilige Sternzeichen, unter dem wir geboren wurden, als Synonym für unsere Eigenart zu verwenden. Das stimmt jedoch nur teilweise. Denn dieses Symbol steht für unser Verhalten. Es ist unsere ganz eigene Art zu handeln. Unsere Form der Kreativität. Mit dem Sternzeichen bringen wir das ans Licht, was in uns als Eigenart schlummert. Natürlich entsteht zwischen dieser Anlage und ihrer Verwirklichung ein sehr subtiles Wechselspiel. Ein Sonnenstand in einem Sternbild, das kraftvolle und einsatzfreudige Eigenschaften vertritt, wird Begabungen anders durchsetzen, als der Sonnenstand in einem Zeichen, das eher Kommunikation und Austausch fördert. Ebenso kann manches Sonnenzeichen zu sanft erscheinen, für eine Anlage, die besonders groß wirkt. Manch andere Sonne agiert mit feurigem Einsatz, um ein ganz zartes Bedürfnis ans Licht zu bringen. Eben diese Form des Spannungsbogens macht aus jedem Menschen ein Unikat, macht ihn einzigartig. Und damit liebenswert.

Da wir das Bewusstsein für unsere Anlagen erst im Laufe unseres Lebens entwickeln, können wir uns in der Beobachtung erst mal nur an das halten, was wir wahrnehmen. Vor allem während der Jahre der Kindheit. Im Wesentlichen beobachten wir hier also das „Wie" und nicht das „Was".

Vielleicht erinnern Sie sich an diese wunderschönen und auch sonderbaren Momente, während derer Sie Ihr Kind die ersten Male in den Armen hielten. Vielleicht erleben Sie diese unvergleichlichen Augenblicke ja auch gerade in dieser Zeit Ihres Lebens. Dort, auf Ihrem Arm, liegt ein kleines, noch fremdes Wesen, das Sie in den nächsten Stunden, Tagen und Wochen langsam kennen lernen werden. Sie wissen nicht, wer da zu Ihnen gekommen ist. Und genau damit beginnt der Prozess der andauernden Beobachtung:

Wer ist sie oder er? Wer wird sie werden? Wie wird er sein? Wird sie ein zärtlicher Mensch? Lacht er gern? Wird sie an Gott glauben? Wird er mal Kinder haben wollen? Wird sie wohl heiraten? Und neben all den großen Fragen gibt es die vielen alltäglichen, wie zum Beispiel: Wie trinkt mein neugeborenes Kind? Wann und wie lange ist es wach? Wann weint mein Baby? Schläft es ruhig und tief? Wie lang schläft es, bis der nächste Hunger kommt? Sie sind unzählbar. Langsam und stetig werden Sie eine nach der anderen durch Ihre Beobachtung beantworten können. Letztlich dauert dieser Prozess Jahre. Und auch ein fast erwachsenes Kind wird uns immer wieder über ein uns noch unbekanntes Verhalten in Staunen versetzen.

Vielleicht ist Ihr astrologisches Interesse so groß, dass Sie feststellen konnten, wie wenig sich Kinder desselben Sternbildes gleichen. Ganz sicher haben sie alle ein ähnliches Feuer im Blick oder teilen gewisse Vorlieben.

Möglicherweise besteht eine Ähnlichkeit in Haltung und Gang oder die Leidenschaft für ganz bestimmte Spiele fällt in den Blick. Das ist aber bei weitem nicht genug an Ähnlichkeiten, um daraus das gemeinsame Sternzeichen erkennen zu können.

Ein Grund dafür ist natürlich die Komplexität des gesamten Horoskops. Wie wenig aussagekräftig ist da ein einziger Stern! Selbst wenn es sich um die Sonne handelt. Und wie unterschiedlich hat jedes Kind diese verschiedenen Symbole des Horoskops über den Kreis verteilt! Genau so verschieden wie ein Kind von jedem anderen ist. Dennoch ist die Aussagekraft des Sonnenzeichens groß genug, um Ihnen eine ganze Menge über Ihr Kind erzählen zu können.

Ein anderer Grund ergibt sich aus den Einflüssen, die von den anderen Planeten auf die Sonne des Kindes ausgeübt werden. Jeder Planet vertritt ein bestimmtes Thema. Und je nach Standort im Horoskop macht er das mal mit Nachdruck und mal ganz zart. Manchmal wird dabei die Stärke eines Sonnenzeichens unterstützt, ein anderes Mal vielleicht diszipliniert oder sogar gehemmt.

Ein weiterer Grund ist der Standort der Sonne. Das Horoskop ist die Darstellung des Himmels im Augenblick einer Geburt oder eines anderen besonderen Momentes. Die 360 Grad des Kreises beschreiben den Himmel, der sich um uns herum erstreckt. So, als würde das kleine Wesen auf unserem Arm dort in der Mitte liegen und dabei betrachten können, wie am östlichen Horizont die Sonne aufgeht, beobachten, wie sie über den Zenit läuft, um dann gegen Abend am westlichen Horizont unterzugehen. Genau so, wie sie sich unter jenem Kind über den Mitternachtspunkt wieder zum östlichen Horizont bewegt, wo sie gegen Morgen aufgeht. Der Standort, den die Sonne zum Zeitpunkt der Geburt einnimmt, ist sehr bestimmend für das Verhalten des Menschen. Je nach dem geographischen Ort der Geburt, ergibt sich eine Einteilung des Horoskops nach Abschnitten, den so genannten Häusern. Die Besonderheit, die Kraft und den persönlichen Charakter erhält die Sonne durch das Haus, in dem sie steht. Das Tierkreiszeichen gibt dann so etwas wie die Farbe und den Stil hinzu. Dadurch entsteht vollkommen unabhängig von jedem Sternzeichen eine wichtige Deutungsebene im Horoskop. Und das nur durch den Standort der Sonne auf den 360 Graden des Kreises, der dem Zeitpunkt der Geburt innerhalb der 24 Stunden des Tages entspricht.

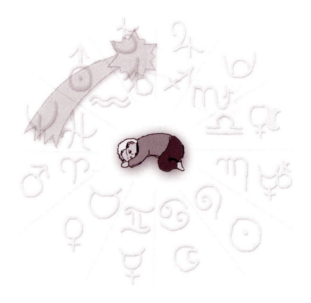

So wird verständlich, weshalb Kinder desselben Sternzeichens, die zu verschiedenen Tageszeiten geboren wurden, auch auf vollkommen unterschiedliche Art und Weise die Eigenschaften ihres Tierkreiszeichens ausleben.

Betrachten wir das genauer:

Mit der aufgehenden Sonne betritt ein zart und eher verträumt wirkendes Wesen die Welt. Hier geht es darum, das Offensichtliche genauer zu betrachten, die Hintergründe mit vielerlei Fragen zu erfassen. Die ganz eigene Wahrheit zu entdecken und mit der Realität zu vereinbaren.

Wenig später ist der Anspruch groß, die Welt der Gefühle und alles Subjektive in Frage zu stellen. Dafür ist es notwendig, genügend Übersicht zu erlangen, um gerecht und objektiv denken und handeln zu können. Beobachtung ist das Werkzeug dieses Kindes und dazu nimmt es sich viel Zeit.

Gegen Mittag erwachen jene Menschen ins Leben, denen es außerordentlich wichtig ist, die Dinge sichtbar machen zu können. Dazu sind sie bereit ihre ganze Kraft mit großer Disziplin einzubringen. Hier wird nicht „nur" wahrgenommen, wie wunderbar Farbe auf dem Papier zusammenfließt, denn hier soll ein Bild fertig gestellt werden.

Hat die Sonne ihren höchsten Punkt überschritten begegnen wir den kleinen Weltreisenden, die so lange Fragen stellen, bis sie glauben, all das zu wissen, was sie brauchen, um ganz zu sein. Sie suchen ihren Glauben, ihre Anschauung und begeben sich in genau das Milieu, das dazu recht erscheint.

Am Nachmittag erblicken all jene Kinder das Licht der Welt, die ihr Interesse auf das Entstehen, Erleben und Strukturieren von Beziehungen richten. Sie befassen sich mit dem Phänomen der Bindung. Tauchen ein in diese Welt und finden sich in

den Spiegeln aller Zwischenmenschlich-
keiten wieder.

Zum Sonnenuntergang hin erwachen die
begegnungsfreudigen Wesen ins Leben. Sie
baden in den Bildern der Phantasie ebenso
gerne wie in den verschiedenen Stimmungen,
die sie unter den Menschen finden. Sie lieben die Harmonie und die Offenheit. Beides
tragen sie freudig in die Welt.

Der Abend gehört jenen Kindern, die
sich als genaue Beobachter entpuppen.
Die Bedingungen des Lebens sind ihnen
bald vertraut, denn ihr Verstand ist analy-
tisch und ihre Grenzen loten sie immer
wieder von neuem aus.

Etwas später sind es die kleinen und
großen Künstler, die sich zum Spielen und
voller Lebensfreude kraftvoll auf die Welt

begeben. Es ist ihnen ein Vergnügen sich und die anderen zu erleben. Dabei fehlt es meist weder an Kraft noch an Würde.

Bis hin zur Mitternacht sind dann die gefühlvollen, manchmal fast zart erscheinenden Wesen dran, die immer auf der Suche nach den eigenen Empfindungen spüren wollen, was da von außen hereinkommt, berührt und mal bereichert, mal verstört.

In der tiefen Nacht werden die Schmetterlinge geboren. Jene Kinder, die plaudern und spielen. Sie stellen dar und verkleiden sich. Oder sie sind bewegungsfreudig und sportlich. Es geht ihnen darum, etwas zu tun und ganz und gar bei der Sache zu sein.

Noch später werden Kinder geboren, die ein großes Schutzbedürfnis haben. Sie suchen die Sicherheit und leben danach. Sie haben ein deutliches Verhältnis zu Besitz, den sie zu hüten verstehen. Und den Genüssen des Lebens gegenüber sind sie selten abgeneigt.

Gegen Morgen erwachen die feurigen Naturen in die Welt. Sie sind bestückt mit großem Willen und Durchsetzungskraft. Ungebremst und voller Tatendrang stürzen sie sich noch vollkommen ungerichtet ans Werk, das Leben, sich selbst und die anderen zu finden.

Nun ist der Kreis geschlossen. Hier beginnt die Entdeckungsreise durch das Sternzeichen Ihres Kindes, bei der ich Ihnen viel Vergnügen wünsche.

Das Krebskind

Mag sein, dass bisher in Ihrem Leben der Verstand und eine gute Portion Vernunft regierten. Vielleicht haben Sie sich lieber auf wissenschaftlich erforschte Tatsachen gestützt, als sich Spekulationen hinzugeben. Möglicherweise sind Ihnen die Bereiche Emotionen, Wünsche und Träume stets ein wenig suspekt gewesen. Von nun an wird das anders werden.

Ein Krebskind hat sich entschlossen, Ihre spröde Welt mit seinen Farben in ein buntes Paradies zu verwandeln. Damit haben Sie endlich eine ganz spezielle Eintrittskarte in die Welt der Gefühle. Hier erhalten Sie Ihre Lektionen im Umgang mit subjektiven Einblicken. Mit Empfindungen, die grenzenlos ausgelebt werden. Hier begegnen Sie dem Mond in seiner ganzen Pracht. Alles wird geboten sein: Vom romantisch leuchtenden Vollmond, der sich glitzernd im Wasser eines kleinen Waldsees spiegelt bis hin zur neblig-düsteren Neumondnacht, in der man aus der Ferne einen Wolf heulen hört. Von sternenklaren Nächten, in denen die Mondsichel am Himmel ein Bild aus „Tausend und einer Nacht" in die Herzen malt. Bis hin zu wolkenverhangenen Zeiten, in denen man nicht ein einziges Funkeln erhaschen kann.

Sind alle Krebse so intensiv? Gibt es nicht auch nüchterne Krebskinder? Oder gefühlvolle Steinböcke? Und bunte Fische? Oberflächliche Skorpione? Und häusliche Schützen?

Doch. Selbstverständlich gibt es jede Form, die Sie sich nur vorstellen können. Jede Menge Unterschiede. Kühl und temperamentvoll. Empfindlich und robust. Melancholisch und heiter. Sie können neben aller Strenge die größte Abenteuerlust finden. Und gottlob neben aller Vernunft die herrliche Unvernunft. Da sind ganz handfeste Fischemänner, die mit Geschick und kühlem Verstand Finanzgeschäfte abwickeln. Da gibt es Stuntmen, die sich den waghalsigsten Sprüngen in brennenden Autos aussetzen, obwohl sie unter der vernunftbetonten Jungfrausonne geboren wurden. Und es gibt Löwemenschen, die es vorziehen ganz unscheinbar und still in der Herde zu verschwinden, um bloß nicht aufzufallen. Garantiert finden sich unter den Krebsgeborenen daher auch Menschen, die sich schwer begeistern lassen. Solche, die lieber keine Gefühle zeigen. Krebse, die kühl und besonnen in Beziehungen agieren. Und jene, die ihre Entscheidungen nicht ausschließlich aus dem Bauch heraus treffen.

Dennoch trifft die Aussage zu, Krebsmenschen seien Seelenwesen. Das Barometer ihrer Stimmungen, ihres Mutes und ihrer Lebensfreude ist nun mal nicht abhängig von den Fähigkeiten, die sie im Laufe ihres Lebens erworben haben. Für Krebse scheint die Sonne immer genau so hell und warm, wie sie das zulassen können. Obwohl es nicht wirklich eine bewusste Entscheidung ist, die ein sonniges Gemüt zaubert. Da gibt es noch die Wahl der richtigen Kleidung für den ganz bestimmten Moment. Die Art und Weise, in der die alles entscheidende Begegnung beginnt. Die Frage, ob das, was einem Appetit machen könnte, auch im Haus ist. Und das Spiegelbild, das einen darauf aufmerksam macht, dass jeder die momentane Seelenverfassung an der Menge der Schatten, Pickel und Falten im Gesicht ablesen kann, wenn er nur genau hinsieht.

Also scheinen Krebse sich ausschließlich mit sich selbst zu befassen und immer launisch zu sein? Schwierige Wesen, deren Innenleben kompliziert und unerschließbar zu sein scheint? Jemand, der einem das zwischenmenschliche Beziehungsleben so richtig kompliziert machen kann? Nein. So ist es überhaupt nicht. Vordergründig ist jeder Krebs mehr oder minder emotional und häufig steht sie oder er sich mit den eigenen Launen gehörig im Weg. Betrachtet man jedoch diese Wesen genauer, dann kann man eine liebenswerte Mischung aus den wahrhaftigsten Empfindungen, kämpferischem Mut und ängstlicher Verwirrung wahrnehmen. Endlich ein Mitglied in der Familie, das nicht lange überlegen muss, ob es gut oder sinnvoll ist, Empfindungen zum Ausdruck zu bringen. Hier ist ein Krebskind zu Ihnen gekommen, um, einem Spiegel gleich, Gefühle, Stimmungen und Atmosphären zu reflektieren. Auch um zeitweise vor allem die versteckten und verdrängten Emotionen bewusst zu machen. Sie wird schimpfen, weinen, lachen und Heiterkeit verbreiten. Er wird streiten, zynische Bemerkungen machen und die geborgenste und kuscheligste Stimmung zaubern, von der Sie immer geträumt haben. Und wie alle Krebse das zu tun pflegen, wird er oder sie Ihr Leben komplett umkrempeln.

Mit der Sonne durch den Tag

Das Krebskind, das gleich mit der aufgehenden Sonne sein Leben in die Hand nehmen will, braucht ein großes Maß an Geborgenheit, Ruhe und Rhythmus. Jede Begegnung hinterlässt einen Eindruck, der in seiner Wirkung wahrgenommen und verfolgt werden muss. Der Spürsinn ist mit den Jahren wohl das bestausgebildete Organ dieser Menschen. Alle Möglichkeiten zu reagieren werden hier betrachtet und auf ihren Gehalt an Wahrhaftigkeit geprüft. Und erst die eine, die echte und damit die herzlichste aller gefundenen Antworten wird gewählt und zum Ausdruck gebracht. Das ist nicht einfach und erfordert Mut. Die Courage, die man braucht, um zu seiner Eigenart zu stehen.

Am Vormittag werden Krebskinder geboren, die einen großen Spannungsbogen zu bewältigen haben. Ihr Anspruch an sich ist hoch. Sie wollen das, was sie in sich spüren und als richtig und beachtenswert anerkennen, so objektiv wie möglich zum Ausdruck bringen. Sie werden viel Zeit brauchen für ihre Beobachtungen, denn die Art und Weise, in der andere Menschen etwas aussprechen oder handeln, formt im Lauf der Zeit die eigenen Maßstäbe. Sie werden vergleichen. Und da moralische Stolperfallen unvermeidbar sind, müssen sie ihren Geist enorm schärfen, um mit den eigenen Ergebnissen in Frieden und Harmonie leben zu können. Denn das ist für Krebse eine der wichtigsten Voraussetzungen für ein glückliches Leben.

Gegen Mittag erblicken Krebse das Licht der Welt, die ihren ganz persönlichen, kreativen Ausdruck sichtbar und spürbar machen wollen. Kleine Künstler, die auf der Suche nach dem wirklichen Empfinden

die schönsten Bilder malen. Integrative
Helfer in Krisensituationen, die für jeden
ein Ohr und für Hungrige ein Stück Brot
übrig haben. Dann spüren sie, dass diese
Arbeit den wahren Sinn für sie im Leben
bedeutet. Sonnige Gemüter, denen es
mehr und mehr gelingen wird, mit Disziplin
und einer gehörigen Portion Strenge ihre
Vorstellung vom Leben zu verwirklichen.
An einem Ort, der ihrem Schaffen einen
Sinn gibt. Mit Menschen, die Schutz und
Geborgenheit suchen. Und mit der herzli-
chen Wärme, zu der ein Krebs fähig ist.

Wenn die Sonne ihren höchsten Stand
überschritten hat, werden Krebskinder
geboren, die sich auf eine weite Reise begeben müssen. Ihr Weg führt sie an die
entlegensten Orte ihrer selbst. Dabei ist
es nicht wirklich wichtig, ob sie auch ein
Schiff betreten, um ferne Kulturen kennen
zu lernen. Allerdings werden ihre oft inten-

siven sozialen Kontakte, ihre gelegentlich heftigen Auseinandersetzungen und ihr emotionales Temperament dafür sorgen, dass sie sich selbst nahe kommen können und begreifen, was sie warum lieben, brauchen und für ihr Leben gern tun. Und natürlich auch das, was sie lieber meiden, weil es Furcht einflößt oder Widerwillen erregt. Vielleicht finden sie nicht gleich das richtige Feld für ihre Verwirklichung, denn sie sind ja auf einer wahrlich langen Reise. Aber dann sind sie wahrhaftige Kämpfer für ihre Sache. Mit Herz und Verstand.

Krebse, die am Nachmittag das Licht der Welt erblicken, werden sich voll ungebremster Leidenschaft in Beziehungen stürzen. Jedes Mal müssen die Wege von der ersten Begegnung bis hin zum Gefühl der Gebundenheit erforscht und erfüllt werden. All die Menschen, Tiere und Dinge, an die man sich binden kann und will, werden mit großer seelischer Vielfalt erfahren. Der reiche Schatz an Erfahrungen sorgt dann dafür, dass diese Krebskinder sich sehr frei und kreativ in der Welt bewegen können. Es gibt wenig, was ihnen fremd ist, da sie das meiste schnell erforschen. Und es gibt wenig, was sie nicht mit ihrer erfrischenden und dennoch tiefgründigen Emotionalität erfassen und berühren. Trotzdem bleiben es immer sie selbst, die am tiefsten beeindruckbar für die Welt der Empfindungen sind.

Ehe die Sonne am westlichen Horizont versinkt, werden Krebskinder geboren, deren gestalterisches Empfinden voller Kreativität und Bilder ist. Sie verstehen es, ihren Spürsinn für andere einzusetzen. Manchmal um Dinge für sie wahrzunehmen und in Worte zu fassen. Und manchmal um ihren ganz persönlichen Ausdruck zu finden. Hier entsteht ein expressiver Tanz.

Oder eine besondere Ausstattung für ein Theaterstück. Hier werden Masken geformt. Oder etwas in besondere Worte gefasst. Hier ist jemand von etwas emotional so tief angerührt, dass sie oder er diese Energie möglichst effektiv wieder nach außen tragen will und muss. Dabei werden die buntesten Farben gewählt.

Am frühen Abend beginnt die Zeit, in der Krebskinder mit großem analytischen Verstand auf die Welt kommen. Weil sie auch eine große Portion Intuition mit auf den Weg bekommen haben, nehmen sie den Raum, in dem sie leben, intensiv wahr. Hier sucht jemand seine ganz persönliche Geborgenheit. Kann letztlich nur dort leben und arbeiten, wo er sich wohlfühlt. Selten kann sich ein Mensch intensiver in die Bedingungen des Lebens einfühlen als gerade dieses Krebskind. Manchmal wird das zum Beruf. Jemand, der es versteht, liebevoll und warmherzig mit den Sorgen und Nöten anderer Menschen umzugehen. Ganz egal, ob diese Probleme körperlicher, geistiger, seelischer oder materieller Natur sind. Manchmal muss dieses Krebskind für den Alltag eine Menge Disziplin aufbringen, um sich dann in seiner Freizeit nach Lust und Laune ausleben zu können. Ganz sicher aber wird dieses Krebskind lernen, aus einiger Distanz und mit Vorsicht an die Dinge des Lebens heranzutreten. Denn es ist empfindsam und will nicht verletzt werden.

Nachts, wenn die Sterne funkeln und die Grillen zirpen und in jedem Teich die Frösche quaken, kommen Krebskinder auf die Welt, deren Kreativität voller Gefühlskraft und emotionalem Ausdruck steckt. Wie bei der ursprünglichsten und verspieltesten kindlichen Natur findet sich hier nur wenig Vernunft. Aber eine große Bereitschaft, dem Herzen zu folgen. Egal wohin. Ganz gleich mit wem. Ungebunden und frei. Dem Temperament entsprechend. Der Sehnsucht folgend. Vielleicht andauernd singend. Später zeichnend, malend, gestaltend oder schreibend dem Erfahrenen Ausdruck verleihend. Manchmal wird dieses Mondwesen voller Energien stecken und seine Phantasie keine Grenzen kennen. Und dann kommen Zeiten der Stille und Regeneration. Genau so wie der Mond seine Zyklen am Himmel hat.

In den Stunden vor Mitternacht gelangen Krebskinder in die Welt, deren Seele auf alles ihr Begegnende unablässig mit Empfindungen reagiert und sie ans Licht des Tages befördert. Um daraus Leben zu formen. Sehr direkt. Sehr intensiv. Natürlich sich andauernd abgrenzend gegen die vielen Bedingungen des Lebens und noch mehr Widerstand aufbauend gegen alle Regeln und Formen. Auch die Menschen um dieses Gefühlswesen herum werden in ihrer Einflussnahme oft zurückgewiesen. Eine Quelle will fließen. Findet immer Neues in sich. Einmal gestaut sucht sie sich neue Bahnen und Wege, um sich zu ergießen. Und sich selbst in gewisser Weise immer neu zu produzieren. Hier braucht ein Seelchen heimelige Geborgenheit. Die großen Abenteuer warten nicht unbedingt draußen in der Welt. Eher tief im Inneren. Hier finden sich alle Steppen und alle Vulkane, alle Weiden und das Meer. Hier gibt es nichts, was es nicht gibt.

In den Stunden nach Mitternacht finden Krebskinder den Weg auf die Welt, deren Ausdruck im Leben die Gefühle sind. Sie liegen ihnen auf der Zunge. Jede Mimik und jede Geste stellt Emotionen dar. Sie wirken empfindsam. Manchmal sogar eher empfindlich. In Zeiten, in denen ihr Verstand gefordert wird, müssen sie sich gelegentlich sogar mühsam durch die Farben ihrer Seelenlandschaft beißen, ehe sie zu klärenden Gedanken finden. Ihre Sprache klingt meist wie jene aus alten Zeiten. Lyrisch und poetisch reihen sie Wort an Wort. Und wenn es ihnen gelingt, einen festen Platz einzunehmen, und wenn sie sich sicher und stark fühlen, sind sie begnadete Darsteller. Oder es gelingt ihnen immer wieder, in der Realität eine Brücke zu schlagen zwischen all den Notwendigkeiten des Alltags und der bunten Welt der Bilder und Gefühle.

In den tiefsten Stunden der Nacht kommen Krebskinder auf die Welt, die den Verband der Familie schätzen und brauchen. Sie verbinden sich sehr emotional mit ihrer Umgebung. Manchmal fällt es ihnen sehr schwer, ihre Empfindungen abzugrenzen und sich ihren Platz zu erobern. Ihre Empfindungswelten sind groß und weit. Nicht selten gelingt es ihnen, darüber zu sprechen. Sie in den schillerndsten Farben zu beschreiben oder zu malen. Und doch sind sie nicht nur künstlerisch begabte Naturen. Ihr soziales Engagement liegt ihnen auch sehr am Herzen. Sie werden mit Sicherheit ein Projekt finden, dem sie selbst und ihre Schaffenskraft mit Haut und Haaren gehört.

Und schließlich, ehe die Sonne am östlichen Horizont den neuen Tag begrüßt, machen sich Krebskinder auf den Weg, die mit ungehaltener Kraft ihre Empfindungswelten erleben und durchsetzen wollen. Sie sind leidenschaftlich emotional. Nicht unbedingt offen für richtige und gute Argumente. Ihr Herz bestimmt ihren Weg. Auch dann, wenn es sie so manches Mal in gefährliche Stromschnellen treibt. Sie sind tief verwurzelt mit dem Bild des Mütterlichen und werden einen kreativen

Ausdruck suchen, der diesem Anspruch gerecht wird. Natürlich teilen sie das mit all den anderen Krebskindern, in deren Leben die Mutter oder eben das, wofür sie steht, sehr zentral ist. Aber keines der Krebskinder ist so davon getrieben wie dieses. Eigenschaften, die mondbetonte Menschen besonders schätzen und oft brauchen, werden von den Krebskindern des dämmrigen Morgens vehement durchgesetzt und erobert. Oft verstecken sie die eigene Bedürftigkeit dahinter. Manchmal erschaffen sie sie aber auch wieder neu.

Für Martha, mein wildes Mondenkind

Wenn Krebskinder groß werden

In Ihren Armen liegt nun also ein kleines Krebskind. Vielleicht ist es auch schon etwas größer geworden, doch ich zweifele nicht daran, dass es noch in Ihren Armen liegt. Denn das brauchen sie. Krebskinder trinken jede Form der Zuwendung. Selbst dann, wenn Zärtlichkeit und tägliche Momente der stillen Umarmung, des innigen, zugeneigten Gesprächs oder der uneingeschränkten Aufmerksamkeit in einem miteinander erlebten Augenblick nicht zu den Ritualen in Ihrer Familie gehören, wird Ihr Mondmädchen trotzdem Mittel und Wege gefunden haben, Sie in etwas einzubinden, was sie zu sättigen vermag. Vielleicht ist Ihre Familie zu groß für diese ungeteilten Momente oder Ihr Berufsleben verlangt so viel Widmung, dass wenig dafür übrig bleibt. Ein Krebs wird sich dennoch seinen Platz erobern. Es gibt wenige Kleinkinder, die mit so nachhaltigem Gequengel nächtliche Tragestunden einfordern. Selten hat ein Mädchen lieber mit seinem Vater Stunden in der Werkstatt verbracht, ohne auch nur einmal etwas zu fragen oder anderweitig zu stören. Und nur wenige Kinder kochen mit den Eltern mehrgängige Menüs für die ganze Familie. All das nur, um sich Zeit zu stehlen. Stille Zeit, die zwar mit irgendeiner Aktivität gefüllt sein mag, aber letztlich nur der so sehr herbeigesehnten Zweisamkeit mit Mutter oder Vater dient.

Natürlich liebt jedes Kind die innige Zweisamkeit mit den Eltern. Es gibt wohl kein Kind, das nicht gerne in den Armen der Mutter einschläft. Oder Vaters ausgedehnte Trostbemühungen genießt, wenn das Knie mal wieder allzu heftig bremsen musste. Aber es gibt Schützemädchen, die andauernd auf Reisen sind. Im Garten, bei den Nachbarn oder in Bücher vertieft kaum Zeit finden. Es gibt den unabhängigen kleinen Wassermann, der das Küssen im Grunde den Mädchen zuordnet. Es gibt das verträumte kleine Fischemädchen, das im Gespräch mit Elfen und Kobolden vergisst, sich an einen ganz realen Körper zu schmiegen. Und der Widdersohn ist mal wieder viel zu zappelig, als dass irgendjemand an seiner Seite zur Ruhe kommt.

All das passiert Ihrem Krebsmädchen eigentlich nie. Sie kommt gerne zu spät auf die Welt, weil sie weiß, dass sie diese Nähe zur Mutter niemals wieder erleben wird. Und so kostet sie den Abschied, so lange es irgend möglich ist, aus. Sie kommt mit dem magischen Spürsinn zur Welt, der ihr sofort meldet, wenn Mutter sie schlafend in eine Wiege legen will oder gar plant, das Zimmer zu verlassen. Am besten nehmen sie gleich Unterricht in der Handhabung diverser Tragevorrichtungen und belegen einen Dauerkurs in einer Rückenschule. Krebse sind Traglinge.

Vielleicht haben Sie diese Bücher gelesen, in denen ein weiser Mensch erklärt, dass Sie Ihr Kind in seinem Hunger nach Nähe, Aufmerksamkeit und anderen Bedürfnissen gewähren lassen sollen, bis es von sich aus den Grad der Sättigung erlangt hat, um selbstbewusst und stark in die Welt zu gehen. Sie sollten in Erwägung ziehen, dass es Kinder gibt, die niemals satt werden. Niemals genug Gute-Nacht-Geschichten bekommen. Niemals genug Aufmerksamkeit. Niemals genug Umarmungen. Niemals. Unersättliche kleine Mondenkinder.

Sie werden noch lange nicht mit der selbstbewussten Eigenständigkeit Ihres Mädchens belohnt. Das wird dauern. Ihr Lohn ist ein vollkommen anderer – Liebe! Natürlich werden Sie sagen, dass alle Kinder Ihre Eltern lieben und Recht damit haben. Nur Menschen, deren Kinder mit einer Krebsbetonung geboren wurden, wissen, welche spezielle Form der Anerkennung, Treue und Innigkeit hier gemeint ist. Manchmal kennt man das eigene Leben nicht wieder, weil es so sehr verändert wurde. Durch die Intensität, mit der ein Krebs Eltern zu Eltern macht.

Ihr Krebsmädchen wird durch seine Schulkarriere gerade mal so stolpern. Immer darauf bedacht zu tun, was gefordert wird. Und dennoch überfordert von all den vielen Eindrücken. Da gibt es andauernd Probleme und Konflikte zwischen den Mitschülern. Die wesentlich wichtiger sind als etwa Algebra. Auch muss man vieles bereden. Möglichst sofort und nicht nach dem

Unterricht. Manchmal sind eben die sozialen Anforderungen deutlicher zu erkennen und zu bewältigen als die vielen schulischen. Lernen und Hausaufgaben sind ein notwendiges Übel, aber meist ist der Kopf gefüllt mit allerlei anderen Dingen. Und das Herz will sich mit Wichtigerem befassen. Also bleibt auch der Notendurchschnitt den launischen, mondigen Möglichkeiten unterworfen. Krebskinder haben einen anderen Rhythmus. Und hoffentlich geduldige Eltern, die sehen, was notwendig ist. Es mangelt nicht unbedingt an Fleiß. Und meist nicht einmal an Intelligenz. Mondenkinder können sich eben nur schwer auf das Wesentliche konzentrieren. Es sei denn, sie werden von einer Leidenschaft gepackt, die sie mitreißt. Manchmal ist es die Liebe zur Lehrkraft. Ein anderes Mal das Aufsatzthema. Und gelegentlich das Gefühl, etwas zu verstehen und Anerkennung für die Leistung zu ernten.

Irgendwie wird Ihr Krebsmädchen die Schulzeit überstehen. Dabei ist es nicht gesagt, ob viel Zeit verlorengeht. Einige erinnern sich gerne der Geborgenheit einer kleinen Dorfschule. Andere verdrehen nur die Augen zum Himmel. Froh diesem Wahnsinn endlich irgendwann entronnen zu sein.

Nicht viel leichter wird Ihr Mädchen dann vor einer Berufswahl stehen. Entweder wild entflammt und für das eine brennend. Oder ahnungslos und völlig entnervt Berufsbilderbücher wälzend. Lassen Sie ihr Zeit. Lassen Sie ihr den Raum, den sie braucht, um verschiedene Ideen zu erforschen. Ein Praktikum hier. Ein Volontariat dort. Spüren. Spielen. Sich erproben. Eines Tages stolpert sie durch Zufall in ein Gespräch zweier Menschen, beteiligt sich und hört heraus, was sie schon immer wusste. Fehlt ein Zeugnis? Braucht sie noch eine Ausbildung? Egal. Ihr Krebsmädchen

hat Feuer gefangen und damit die Eintrittskarte nach überall.

Auf ihrer weiten Reise gibt es viele Begegnungen mit jungen Männern, die allesamt ihr
Interesse wecken. Aber vielleicht nur das.
Und nicht mehr. Sie wird auch hier auf den
Augenblick warten, in dem der schimmern-
de Ritter auf seinem weißen Pferd sie findet. Ein Märchen muss wahr werden. Der
Traum ihrer schlaflosen Nächte. Kompro-
misse sind langweilig. Und kein Herz klopft
aus Vernunft schneller.

Wenn dann aus Spiel Ernst wird, sind sogar die widrigsten Umstände kein Hinder-
nis. Etwa um eine Krebsfrau mit Haut und
Haaren zur Mutter zu machen. Natürlich
immer die Mutter, die sie sich vorstellt. Keine andere. Insgeheim wird sie jedoch immer
nach der eigenen schielen. Sich erinnern.
Sich freuen. Und ihre Freude mit vollen
Händen weitergeben.

Krebsjungs können erstaunlich schlecht gelaunt sein. Mag es daran liegen, dass sie nicht unbedingt Lust haben, all das zu tun, was das Leben gerade von ihnen verlangt. Vielleicht ist aber der wichtigste Grund meist der, dass sie unzufrieden mit sich sind. Groß, stark, mutig und unbesiegbar sind ihre Träume. Umgehen müssen sie jedoch mit der eigenen Mittelmäßigkeit, über die sie andauernd stolpern. Nicht so groß wie der Vater. Nicht so stark wie die ältere Schwester. Nicht so mutig wie die anderen Jungs in der Schule. Und eben leider besiegbar von so vielen Dingen und Menschen, von Situationen und Forderungen.

Manchmal wird ihr Krebssohn sie mit besonders viel Streit überschütten, weil er sich nicht genügend abgrenzen kann. Er wäre gern männlicher. Hasst es, wenn Tränen aufsteigen, die man nicht kontrollieren kann. Und will nicht der Sehnsucht nachgeben, die kuscheligen Momente mit Mutter im Sofaeck dem wilden Gerangel auf dem Bolzplatz vorzuziehen. Helden haben immer Helden zu sein. Und nicht weich oder gar süß.

Vielleicht wird sich Ihr Krebssohn eine Disziplin auswählen, in der er unschlagbar gut ist. Er wird enormen Ehrgeiz entwickeln, um doch noch ein Sieger zu sein. Und all das, um den sanften, den mondigen Teil ein wenig in Vergessenheit geraten zu lassen.

Mit etwas Glück gelingt es den Erwachsenen, die sich um diesen Krebsmann kümmern, diesen Prozess nicht stattfinden zu lassen. Ihm zu erklären und zu zeigen, wie wertvoll und einzigartig es ist, wenn ein junger Mann gefühlvolle und zarte Seiten besitzt. Dass es nicht zuletzt Frauen gibt, die Männertränen liebenswert finden. Und dass die Welt so viel ärmer wäre, wenn es da nicht einige Poeten, Briefeschreiber, Liedermacher, Musiker oder Personalchefs gäbe, die neben ihrem Verstand auch noch ihr Herz benutzen.

Mag sein, dass die Zeit der jugendlichen Rivalitäten etwas anstrengender für diese eher zarteren Naturen verläuft. Fehlt ihnen doch die Fähigkeit, sich den Kämpfen zu entziehen, mit der sich Fischemänner retten können. Ebenso fehlt ihnen die leidenschaftliche Natur der Skorpione, die sich mitten in die Auseinandersetzungen begeben und sich gerne messen. Krebs zieht es hin. Sie lassen sich ein und bekommen meistens, was sie nicht verkraften, zurück.

Wie gut, wenn es Orte des Rückzugs gibt. Refugien, die müde Krieger stärken. Räume, die den Blick für das Wesentliche wieder ermöglichen. Plätze, an denen man einfach geliebt und gefördert wird. Ganz gleich, ob man gute oder schlechte Laune hat. Egal, ob man taugliche oder eher fragliche Zensuren bringt. Krebse brauchen eben Zeit. Manchmal sogar etwas mehr als andere Sternzeichen. Vielleicht, weil sie seitwärts gehen müssen. Wer kann da schon auf Geschwindigkeit achten?

So sollte auch keine Frau der Welt, die ernsthafte Absichten hat, auf schnelle Erfolge hoffen, wenn sie sich mit einem Krebsmann einlässt. Es wird dauern. Meist weit über die große, erste leidenschaftliche Woge hinweg. Der Krebsmann will schließlich wissen, ob es ernst ist, was ihm da entgegen gebracht wird.

Was lange währt, wird endlich gut! Krebsmänner sind treue und liebevolle Männer, die zwar anfällig in Gefühlsdingen sind, aber sich meist rechtzeitig auf das besinnen, was ihnen wertvoll ist und ernsthaft am Herzen liegt. Sie lieben das Familienleben. Und brauchen so etwas wie ein Zuhause wie kein anderes Sternzeichen. Vielleicht konkurrieren sie da unfreiwillig mit den Stieren. Allerdings aus unterschiedlichen Gründen. Ein Krebsmann braucht einen behaglichen Ruhepunkt. Manchmal werden sogar lärmende Kinder zuviel. Für solche Gedanken wird er sich jedoch schämen, denn er liebt sie mit Haut und Haaren. Vielleicht ist er deshalb manchmal strenger als notwendig. Oder kommt etwas später nach Hause, damit ihn wohlige Stille empfängt statt wildem Kindergeschrei. Wenn er allerdings achtsam mit sich bleibt, wird er sein Maß finden.

Beruflich ergeht es Krebsmännern nicht viel anders als den Mondfrauen. In einem Team mit guter Atmosphäre und dem Job, den er von Herzen gewählt hat, ist der

Krebsmann zu Höchstleistungen fähig und bereit, alles zu geben. Ist ein Bereich dieser drei wichtigen Teile gestört, kann ein vom Mond regierter Mann anfangen zu leiden. Manchmal ist es sogar besser, dann den Ort zu wechseln. Oder gar den Beruf. Obwohl jeder Krebs ernsthaft lernen muss, sich etwas abzuverlangen. Meist im Bereich der Disziplin, der Vernunft oder der Kontinuität.

Einige Krebse erkennen allerdings im Laufe der Zeit ihre Schwächen und können damit immer besser umgehen. Vielleicht haben sie auch eine Partnerin oder Freunde, die sie immer wieder aus den allzu heftigen Emotionen wecken. Andere werden Eigenbrötler und finden ihr Glück in einer selbständigen Tätigkeit. Krebse sind nicht berechenbar. Schon deshalb, weil ihre Werte auf einer anderen Skala gemessen werden. Ebenso, wie sie das, was sie austeilen, nicht berechnen. Sondern geben, was gerade eben das Größte, Beste oder Schönste ist, das sie zu geben haben. Ihre Farben sind immer etwas bunter als bunt. Ihre Töne immer etwas lauter als laut. Aber dafür ist ihr Licht auch oft heller als hell. Wer kann das schon von sich behaupten!

Was Krebsmenschen gut tut

Da es sehr viele unterschiedliche Zuordnungen von Steinen, Farben und Pflanzen gibt, habe ich die gewählt, die mich unabhängig von ihrer Herkunft am meisten angesprochen und begleitet haben.

Der Stein der Krebsmenschen ist der Karneol. Eine tief rotbraune Variante des Achat. Er und auch der Granat mit seiner dunkelroten Farbe wecken im Krebsmenschen die Herzenergien, wenn diese angegriffen und verletzt worden sind.

Die Farbe des Krebsgeborenen ist das zarteste Rosa, das sich zwischen weiß und rot mit all seinen Spielarten ansiedelt. Es beruhigt das aufgebrachte Gemüt eines Mondmenschen und spiegelt seine zarte und oft fast unschuldige Natur.

Die Pflanze der Krebsmenschen ist die wilde Heckenrose. Sie hat weit geöffnete, einfache Blüten, deren Duft alle Bienen von weither anlockt. Ihre Farbe hat jenes anmutige Zartrosa, das auch die heilende Farbe der Krebse ist. Die Heckenrose rankt sich fast überall der Sonne entgegen. Sie braucht das Licht genauso wie der Krebs. Ihre Stacheln sind spitz und besetzen ihr Geäst so stark, dass diese Rose nahezu unberührbar wird. Auch diese Parallele ist nicht von ungefähr. Im Herbst trägt die Heckenrose Hagebutten, die für Krebsmenschen besonders gesund und heilsam sind. Dabei spielt es keine Rolle, in welcher Form sie verzehrt werden.

Sandkastenspiele

Es wird nicht lange dauern, bis Sie merken,
wie wichtig soziale Kontakte für Ihr Kind
werden. Nicht nur das Revier vergrößert
sich. Und damit die Welt, die Ihr Liebling
erobert. Es liegt von Anfang an etwas
Besonderes im Blick und in der Haltung
der Kleinen, wenn sie sich irgendwo begegnen und die ersten Fäden knüpfen, die
dann später zu Beziehungen werden. So,
als wäre eben klar, wie bedeutungsvoll
dieses gleich große kleine Gegenüber ist.

Die Astrologie hat viele Möglichkeiten, um
die Welt der Begegnung zu betrachten.
Natürlich benötigt man zwei Horoskope für
eine Beziehungsanalyse, bei der man nicht
nur erkennen kann, was zwei Menschen
zueinander zieht, sondern auch wie und
warum sie sich austauschen wollen.

Bei der Betrachtung der Sonnenzeichen kann man zwar nicht besonders deutlich hinsehen, jedoch im Verhalten der jeweiligen Tierkreiszeichen verbindende, ähnliche, anziehende oder ergänzende Faktoren benennen. Natürlich nur im Verhalten und ohne die Maßgabe, dass nun jeder Fisch mit einem Widder schlechter harmonieren müsste als mit einem Schützen. Ebenso wenig muss nun jeder Stier jeden Krebs besser beschützen als ein Löwe.

Es gibt auch schon im Sandkasten spannungsreiche Beziehungen, die ungeheuer fruchtbar und erfreulich für beide Seiten verlaufen. Aber auch solche, die vor lauter Gleichklang und Harmonie irgendwann in der Langeweile verebben. Und natürlich auch die Form der ersten Begegnung, die entscheidet, dass man sich für den Rest des Lebens besser aus dem Weg gehen sollte.

Grundsätzlich verstehen sich die jeweiligen
Sonnenzeichen eines Elementes immer
ganz gut. Weiß man das Ascendentenzei-
chen, so wird auch diese Mischung schon
wieder komplexer. Also betrachten wir die
Verhaltensebene und damit die verschiedenen Sonnenzeichen.

Widder und Widder

Hier treffen zwei durchsetzungsstarke Naturen aufeinander. Ziehen sie an einem
Strang, dann müssen sich alle ducken,
denn dann ist viel geboten. Disharmoni-
sche Begegnungen unter zwei Widdern
werden wohl meist dazu führen, dass we-
nigstens eine Hose geflickt werden muss.

Widder und Stier

Nicht immer wird der Stier die Geduld aufbringen, des Widders aufbrausendes Tem-

perament zu ertragen. Manchmal wird er ihn
staunend betrachten und sich abwenden.
Hat er jedoch genügend Langmut, so wird er
den langen Atem haben die wilden Widder-
phantasien in die Tat umzusetzen.

Widder und Zwilling

Das Feuer des Widders mag so manchen
Zwillingsgeist zu wunderbaren Dingen beflügeln. Die anderen werden auf ihrem Weg
in Gedanken nicht einmal wahrnehmen,
dass es irgendwo brennt.

Widder und Krebs

Hat der Widder die zarte Seele des Krebses begriffen, so wird er behutsam seine
Glut verstreuen, ohne sein Gegenüber zu
verletzen. Ist er zu stürmisch, wird der
Krebs die Flucht ergreifen.

Widder und Löwe

Der Widder prescht voran und wirbelt seine Ideen auf den Tisch, die dann von einem Löwen kreativ gestaltet werden. Eine erfreuliche Begegnung, wenn sich beide auch sonst ergänzen.

Widder und Jungfrau

Des Widders ungestümes Temperament trifft auf einen skeptischen Blick. Manchmal mit dem liebevollen Lächeln eines Freundes. Und manchmal mit Unverständnis für so viel heißes Blut.

Widder und Waage

Auch hier muss der Widder seine Glut sehr umsichtig verteilen, um nicht bei der begegnungsfreudigen und auch offenen Waage die Türen zu verschließen. Letztendlich wäre es der Widder, der dann nicht mehr hinein käme.

Widder und Skorpion

Hier trifft Glut auf Leidenschaft. Hier kann sich alles entzünden: Liebe, Hass, Spiel und Streit. Grenzenloses Vertrauen. Und blinde Ablehnung. Ein großes Potenzial für alles und für nichts

Widder und Schütze

Der lachende Schütze wird viel Spaß mit dem hitzigen Widder haben. Und der immer wache Widder wird viel Spaß mit dem interessierten Schützen haben. Zwei, die sich verstehen können, wenn sie wollen.

Widder und Steinbock

Wenn es dem Steinbock zu temperamentvoll wird, könnte er versuchen den Widder zu erziehen. Manchmal mag das gelingen. Meist wird es eher zu einer Auseinandersetzung führen. Gelegentlich ist das dann fruchtbar oder eine der Hosen ist wieder fällig, genäht zu werden.

Widder und Wassermann

Hier beflügelt der Geist des beobachtenden Wassermannes die Phantasie des Widders. Oder der Widder belebt die Träume des Wassermannes. Oder keiner sieht keinen.

Widder und Fisch

Hier zischt es gewaltig. Vielleicht ist tatsächlich eine Beziehung voll leidenschaftlicher Phantasie und mit vielen lebendig gewordenen Träumen möglich. Dazu gehört Mut und Lust, die ungeheuren Unterschiede als Bereicherung zu erkennen und nicht als Hindernisse zu betrachten.

Stier und Stier

Bestimmt eine Verbindung, die ihr genüssliches Tempo finden kann. Gemeinsame Sandburgen werden groß und stabil. Nur muss klar bleiben, wem die Schaufeln gehören und wem die Eimer.

Stier und Zwilling

Der bewegliche Zwilling wird das staubige Gemäuer des Stieres licht und luftig halten und seinen Geist in Schwung bringen. Während der Stier den Zwilling erden kann.

Stier und Krebs

Hier finden sich zwei, die sich mit dem Sinn fürs Gemütliche treffen und keine Gelegenheit auslassen werden, dem nachzugehen.

Stier und Löwe

Schafft der Löwe in den Augen des Stieres etwas Sinnvolles, so wird er ihn bewundern und sein Werk bewahren. Tut er das nicht, so wird der Stier nicht viel unzerzauste Haare in der Löwenmähne lassen.

Stier und Jungfrau

Sie mögen sich ganz gut leiden, können sich verstehen und haben sich auch Diverses zu erzählen, wenn denn die Jungfrau nicht zu sehr bohrt und denkt und fragt.

Stier und Waage

Die Waage findet Schutz und Geborgenheit und der Stier eine Herde. Wenn sich ein gemeinsamer Weg ergibt, kann er lang und wunderschön werden.

Stier und Skorpion

Wenn es dem Stier gelingt, das, was der
Skorpion in der Tiefe findet und ans Licht
befördert, zu sortieren und zu bewahren,
ergänzen sie sich gut. Tut er das nicht,
haben sie manchmal wenig zu teilen.

Stier und Schütze

Der Schütze lacht gerne ein wenig über
den Stier, was diesen gelegentlich zornig
macht. Kann er mit ihm lachen, bietet er
den idealen Zuhörer für die tausend Geschichten aus Schützens Leben.

Stier und Steinbock

Zwei, die sich ergänzen und bestärken.
Wenn sie sich nicht in der Langeweile ein-
mauern, tun sie sich ausgesprochen gut.

Stier und Wassermann

Hier staunt der Stier, was dieses Wesen eigentlich will. Provoziert es? Will es sich lustig machen? Wo fliegt er denn hin? Was will sie nur? Bekommen die Fragen eine Antwort, dann können sich zwei fremde Welten treffen. Wenn nicht, dann eben nicht.

Stier und Fisch

Wenn der Fisch sich nicht eingesperrt und begrenzt fühlt, hat er im Stier einen idealen Schutzwall, der bewahrt und schützt, was der Fisch erträumt.

Zwilling und Zwilling

Zwei Schmetterlinge gaukeln im Wind. Keiner glaubt, sie träfen sich oder könnten Halt aneinander finden. Und sie tun es doch. Und haben oft viel Freude miteinander.

Zwilling und Krebs

Der Kopf und das Herz. Das Empfinden
und Spüren mit dem Denken und Reden.
Sie werden sich oft nicht finden, wenn sie
sich suchen. Haben sie sich jedoch getroffen
staunen die anderen.

Zwilling und Löwe

Wer von beiden sieht den anderen eher
und warum? Gibt es einen Grund, etwas
gemeinsam zu erleben, wird es ein leichtes,
aber lebendiges Abenteuer.

Zwilling und Jungfrau

Zwei, die sich in ihren Gedanken begegnen
können. Der eine findet, was der andere
formuliert. Der eine kennt die Funktion,
der andere die Details. Ein sich munter
ergänzendes Paar, das so manchen Lehrer
verzweifeln lassen wird.

Zwilling und Waage

Wenn der Zwilling die Freude an Harmonie und der Ästhetik teilt und wenn die Waage das Interesse für Darstellung und Sprache oder Funktion und Technik aufbringt, haben beide etwas gefunden, um sich zu ergänzen.

Zwilling und Skorpion

Der Zwilling liebt die Leichtigkeit, will sich viel bewegen können und den Wind in den Haaren spüren. Der Skorpion liebt die leidenschaftliche Tiefe, die Nacht und manchmal staubige, dunkle Schuppen oder Abbruchhäuser mit ihrem unheimlichen Charme. Wenn der Zwilling sich traut, geht er mit.

Zwilling und Schütze

Die Lust an körperlicher Ertüchtigung des Schützen ist begrenzt. Für ihn ist oft das

Drumherum viel wichtiger. Wenn er den Zwilling mit seinen Gedanken und Fragen begeistern kann, haben sich beide viel zu erzählen.

Zwilling und Steinbock

Hier muss sich der Zwilling immer wieder ein wenig an die Leine nehmen lassen. Manchmal gelingt es dem Steinbock dabei die Energien des Zwillings in eine Richtung zu lenken. Wenn sich beide in den Rollen mögen, dann werden sie gut auskommen.

Zwilling und Wassermann

Diese Konstellation wird so manche graue Strähne in die elterlichen Haare zaubern. Selten können zwei Phantasien sich besser zu einem Gedanken formen, der auch umgehend in die Tat umgesetzt wird.

Zwilling und Fisch

Hat der Zwilling Interesse an Fisches
Traumwelten, dann können beide daran
bauen. Aus Sand, Brettern, Moos, Steinen
und anderen brauchbaren Materialien.
Und beide werden für unendliche Zeiten
darin verwoben.

Krebs und Krebs

Wenn sie lachen, lachen sie. Wenn sie weinen, ist Traurigkeit. Wenn sie streiten, fliegen die Fetzen. Aber gleich und gleich ge-
sellt sich gern und immer wieder gut.

Krebs und Löwe

Hat der Krebs Lust, sich am strahlenden
Image des Löwen anzulehnen, werden sie
sich etwas zu sagen haben. Sonst müssen
sie den mühsamen Weg gehen. Manchmal
gelingt ihnen das.

Krebs und Jungfrau

Hier besteht die Gefahr, dass die Jungfrau andauernd die Launen des Krebses analysiert und der Krebs über die spröde Art der Jungfrau mault. Finden sie einen gemeinsamen Nenner, treffen zwei fremde Welten aufeinander, die sich durchaus bereichern können.

Krebs und Waage

Selten werden zwei kleine Mädchen versunkener spielen. Häuser einrichten. Zimmer bemalen. Baumhäuser bauen. Selten werden zwei kleine Mädchen sich heftiger über Details streiten.

Krebs und Skorpion

Emotionaler Tiefgang. Wenn sie streiten, geht es genauso an die Nieren wie ihre erste Liebe. Für die Umgebung sind sie manchmal unausstehlich und hinreißend zugleich.

Krebs und Schütze

Gelingt es dem Schützen, den Krebs für seine Philosophien zu begeistern, so kann dieser ihn in die Welt der Empfindungen mitnehmen. Treffen sie sich nicht in einer dieser Welten, werden sie kaum aufeinander aufmerksam.

Krebs und Steinbock

Wenn man davon absieht, dass jeder den anderen um seiner Eigenart willen beschimpft und an den Haaren reißt, können sich hier zwei Extreme wunderbar ergänzen.

Krebs und Wassermann

Bringt der Krebs den Mut auf, mit dem Wassermann zu fliegen, und der Wassermann den Mut, mit dem Krebs zu tauchen, können sie sich beleben. Sonst gehen sie sich eher aus dem Weg.

Krebs und Fisch

Das kann an Innigkeit und blindem Verstehen für andere kaum zu ertragen sein. Ihre Übereinstimmung wird für viele nicht verständlich. Zwei, die sich andauernd genießen und eigentlich keine Pause brauchen.

Löwe und Löwe

Wenn beide zum Herren der Räuberbande gewählt werden wollen, dann sind wieder einige Pflaster und zwei zu flickende Hosen fällig. Ist die Ordnung hergestellt und sind die Ränge verteilt, bleibt es harmonisch in der Räuberbande.

Löwe und Jungfrau

Meist fehlt der Jungfrau der Mut zu den Abenteuern, die der Löwe ausheckt. Das wird den Löwen nerven. Und für die Jungfrau ist es auch nicht sonderlich angenehm.

Löwe und Waage

Sind die Kreationen des Löwen von schöner Gestalt, wird die Waage sehr wohl wissen, wie sie sie integrieren kann. Arbeiten beide nicht Hand in Hand, werden sie es wohl gar nicht tun.

Löwe und Skorpion

Wahrscheinlich müssen ihre Geschichten immer größer und wilder werden, damit sich diese beiden noch überbieten können. Vielleicht sollten sie erst ins stammtischfähige Alter kommen, um sich auf Dauer nicht zu langweilen, sondern gemeinsam die anderen unterhalten zu können.

Löwe und Schütze

Der Schütze wird den Löwen gerne mit auf seine Reisen nehmen. Und der Löwe wird ihm zeigen, wie man noch besser und noch mehr erlebt. Zwei feurige Gestalten, deren Abenteuer nichts für Hasenfüße sein werden.

Löwe und Steinbock

Wer einen Löwen andauernd maßregeln und bremsen will oder mit ordnender Hand durch seine Mähne streicht, wird ab und zu gehörig angefaucht. Vielleicht gibt es jemand, der das mag.

Löwe und Wassermann

Eigentlich sind sie so unterschiedlich, dass sie sich nicht einmal aus Versehen irgendwo begegnen. Aber gerade das kann ungeheuer faszinierend wirken.

Löwe und Fisch

Mancher Fisch liebt den stolzen Löwen wegen seiner Erscheinung und bewundert sein Auftreten. Mancher Löwe liebt die Hingabe des Fisches an seine Träume. Mag sein, dass dies beiden reicht.

Jungfrau und Jungfrau

Zwei ordentlich spielende Kinder. Anscheinend sind sie unauffällig und still. Man sollte trotzdem nicht unterschätzen, wie groß die Lust sein könnte, irgendetwas komplett auseinander zu nehmen. Analyse ist ihr Hobby.

Jungfrau und Waage

Die Freude an der Begegnung können beide teilen. Allerdings aus völlig unterschiedlichen Beweggründen. Gelingt es ihnen, etwas davon zu teilen, kann etwas entstehen.

Jungfrau und Skorpion

Der Skorpion wird mit Lust die Ordnung der Jungfrau stören. Er wird sie ärgern, weil man das so wunderbar kann als Skorpion. Und dann verliert die Jungfrau das Interesse. Hoffentlich können sie sich auch wieder lassen.

Jungfrau und Schütze

Staunend und mit vor Spannung geröteten Wangen wird die Jungfrau den Geschichten des Schützen lauschen und sie genau beleuchten. Der Schütze kann sich bei der Jungfrau ausruhen und endlich mal entspannen.

Jungfrau und Steinbock

Dieses Gespann ist der Traum jedes Fußballvereins. Strategien und Ballwechsel gehören zu ihren Specials. Und ganz nebenbei ordnen sie auch noch die Mannschaft.

Jungfrau und Wassermann

Hier treffen zwei unterschiedliche Beobachter aufeinander. Verbinden sich ihre Fähigkeiten, können zwei Welten verschmelzen. Gelingt es ihnen nicht, voneinander zu profitieren, werden sie sich übersehen.

Jungfrau und Fische

Keiner wird verstehen, was die beiden andauernd zu reden haben. Gerade nicht mehr beieinander, greifen sie zum Telefon. Aber es gibt eben ungeheuer viel auszutauschen, wenn man ein und dieselbe Welt von zwei verschiedenen Plätzen aus betrachtet. Und sich liebt.

Waage und Waage

Wenn zwei das Schöne lieben, haben sie eine weite und große Welt. Um darin zu wandern, zu schauen und zu sammeln. Ob

Mütter diese Sammlungen schätzen, spielt dabei eine untergeordnete Rolle.

Waage und Skorpion

Nicht jede Waage wird Freude an der dunklen Seite des Skorpions haben. Sie wird sich fürchten. Und nicht jeder Skorpion interessiert sich für Waages gesammelten Krimskrams. Eigentlich wird es mühsam für beide, sich zu begegnen.

Waage und Schütze

Der Schütze wird Waages Welt um ein Vielfaches vergrößern und ihr die Schönheiten von irgendwo zeigen. Waage hingegen öffnet so manches Schützeauge für die Schätze der Welt.

Waage und Steinbock

Die Ordnung des Steinbocks kommt der Ästhetik der Waage entgegen. Ob man

dabei freilich spielen kann, bleibt beider
süßes Geheimnis.

Waage und Wassermann

Nimmt der Wassermann die Waage mit auf
seine manchmal abenteuerlichen Flüge weit
oben zwischen den Wolken, wird die Waage
nie wieder etwas anderes schön nennen
und auf ewig davon träumen.

Waage und Fisch

Der Fisch verschwindet, taucht auf, ist da
und dann wieder fort. So schnell ist keine
Waage. Es sei denn sie liebt das Versteck-
spiel. Oder kann warten.

Skorpion und Skorpion

Vielleicht ist es nicht jedermanns Sache,
wenn sich seine Kinder nachts heimlich auf
dem Friedhof treffen, weil sie sehen wol-

len, ob es dort gruselig ist. Begleiten sie doch die beiden bei ihren guten Ideen. Die werden immer besser.

Skorpion und Schütze

Ein intensives Gespann, das immer größere Reviere erobert, immer weitere Wege geht und immer spannendere Reisen unternimmt. Zwei, die sich andauernd viel zu erzählen haben.

Skorpion und Steinbock

Wenn es den Skorpion interessiert, was der Steinbock da alles diszipliniert, kann er fasziniert sein. Wenn es den Steinbock interessiert, was den Skorpion so zum Glühen bringt, kann er staunen.

Skorpion und Wassermann

Da der Skorpion hinein will und der Wassermann hinaus, begegnen sie sich wahrscheinlich nur kurz auf der Schwelle der jeweiligen Tür.

Skorpion und Fisch

Hier taucht der Fisch in jene tiefen Augen und der Skorpion verschwindet in den Träumen. Keiner wird satt vom anderen. Und kein Fremder sollte die beiden stören.

Schütze und Schütze

Zwei, die sich mit dem Dreirad und ihren Taucherbrillen auf dem größten Baum im Park den besten Startplatz zum Mond suchen. Traumreisen für Abenteurer. Schmutzige Hosen inbegriffen.

Schütze und Steinbock

Der Schütze bereist das ganze weite Land vom Wald bis zum Schuppen, vom Garagendach bis zu Nachbars Gemüsegarten. Wenn Steinbock will, kann er mit.

Schütze und Wassermann

Manchmal können sie miteinander fliegen
gehen. Wenn sie auch noch eine gemeinsame Route finden, gibt es andauernd was zum
Lachen. Blödsinn fällt beiden genug ein.

Schütze und Fisch

Wenn es einer jener Fische ist, der nicht
allzu verträumt und fern der handfesten
und greifbaren Welten lebt, haben sie sehr
viel Spaß miteinander. Ansonsten findet
der Schütze den Fisch langweilig, weil er
oft nicht die Geduld hat, mit ihm in seine
Welt zu tauchen.

Steinbock und Steinbock

Sie verstehen sich fast wortlos. Gefährden
kaum des anderen Revier. Streiten vielleicht
gelegentlich. Aber die rechte Glut entfacht
sich weder so noch so. Vielleicht geht es
einem Steinbock auch nicht um so etwas.

Steinbock und Wassermann

Sie beflügeln sich gegenseitig in ihren Projekten. Werden den Sandkasten gegen die Techniken beim Voltigieren oder das Modellflugzeug tauschen und später bald am Computer hängen. Oder soziale Ordnungen erdenken und lange Gespräche führen. Hier finden sich zwei - je älter desto anziehender.

Steinbock und Fische

Die Träume des Fisches bauen die schönsten Schlösser aus Sand. Wenn der Steinbock hilft, dass sie nicht zusammenbrechen hat er im Fisch einen großen Bewunderer. Belächelt er die utopischen Pläne, könnten sich zwei ganz schön in die Wolle bekommen.

Wassermann und Wassermann

Die beiden fliegen weit und verstehen wortlos, dass der Apfelbaum viel besser dafür geeignet ist als jeder andere im Umland. Warum also noch nach jemandem suchen, dem man das erklären müsste?

Wassermann und Fische

Wenn der eine das Fliegen mit dem Tauchen vergleichen mag und der andere den weiten Blick wagt, gibt es wenige, die sich so viel zu sagen haben. Aber ob sie es tun, ist sehr ungewiss.

Fische und Fische

Zwei Träumer mit Phantasiepotenzial ohne Ende. Wenn beide offen damit sind und sich darin besuchen, wird diese Begegnung zu einem unendlich schönen Märchen. Sonst kann es aber auch einfach langweilig werden.

EPILOG

Was kann die Astrologie? Oder was können Sie eigentlich von ihr erwarten?

Die Astrologie kann eine ganze Menge. Neben dem unbestrittenen Unterhaltungswert von Tages-, Wochen- und Monatshoroskopen in den Illustrierten und Tageszeitungen gehen wir tagtäglich mit den Rhythmen von Sonne und Mond um. Viele Menschen nutzen mit großem Erfolg die Kraft des Mondes in den einzelnen Sternzeichen und die verschiedenen Phasen, in denen unterschiedliche Kräfte wirken. Darüber hinaus ist es auf eine sehr persönliche und direkte Weise möglich, in den unterschiedlichsten Krisensituationen zu erkennen, was die Ursachen sein könnten, wie es zu etwas gekommen ist und welche Wege sich eröffnen, um die Schwierigkeiten zu meistern, die einem das Herz schwer machen. Viele der besonders eigenartigen und dadurch sinnvollen und effizienten Strategien werden im Laufe der Kindheit und Jugend aus diversen, vernünftigen Gründen auf die Seite gelegt und geraten dort in Vergessenheit. Natürlich entstehen neue Eigenschaften und Fähigkeiten, denn jedes Wesen sucht sich seine Nische für den persönlichen Erfolg. Trotzdem bleibt so manches auf der Strecke oder gerät ins Abseits, aus dem wir es oft selbst gar nicht mehr hervorholen können.

Manchmal ist die Astrologie ein wunderbarer Maler. Das Bild, das Sie für Ihr Kind in Auftrag geben, wird von den Sternen mit den Farben des Himmels gemalt und beschreibt alle möglichen Facetten zu einer Zeit, in der es voller Unschuld gerade erst das Licht der Welt erfährt. Der Astrologe ist dabei nur der Übersetzer oder so etwas, wie der Arm, der den Pinsel hält.

Zu einem späteren Zeitpunkt kann man durch die klare Schrift der Symbolik an das erinnern, was ursprünglich angelegt und mit den Jahren den Gegebenheiten des Lebens angepasst wurde. Erwachsene, die zu mir kommen, staunen immer wieder darüber, wie die schon lang verwobenen Fäden sich anhand eines Horoskops entwirren und wieder aufnehmen lassen. Die ursprüngliche Begabung erkennend, verfolgen sie die Wege und begreifen erstaunt, an welchen Abzweigungen sie sich aus welchen Gründen für etwas entschieden haben. Oft klären sich Konzepte. Ängste werden akzeptabel. Und man kann sich vorsichtig näher kommen.

Astrologische Beratungen haben dabei weder etwas mit dem mystisch-seherischen Blick in eine Glaskugel noch mit einer Therapie zu tun!

Oft werde ich aufgesucht, um für die kurze Zeit der Beratung ein Konzept, eine

Idee, eine Momentaufnahme des Lebens oder einer Beziehung oder einer ganz bestimmten Situation zu betrachten. Manchmal geht es um Bestätigung oder ein Krisenmanagement, bei dem man alleine gerne die Übersicht verliert, oder es geht schlicht um Trost. Man holt sich eine Beratung, um gesehen zu werden, ohne bekannt zu sein.

Ich höre zu. Und setze in Bezug zu dem jeweiligen Horoskop. Oder ich erzähle, was ich aus dem Sternbild lesen kann und mein Gegenüber hört mir schweigend zu. Fast immer entwickelt sich ein Gespräch. Manchmal erst gegen Ende der Zeit. Meist ist die Arbeit, die dabei entsteht, sehr intensiv und geht besonders tief. Vor allem dann, wenn die Schranken der Fremde fallen und sich etwas so schnell entwickeln darf, wie es die außerordentliche Form der astrologischen Beratung erlaubt.

Eventuell sieht man sich nie wieder. Gelegentlich kommt jemand ein zweites,